Phishing verhindern –
Psychologisches Wissen & Strategien

Psychologisch klüger als die Angreifer sein

geschrieben von

Michael Mack

ISBN: 9798305743036

Imprint: Independently published

Hinweis zur Aktualität
Die Inhalte dieses Buches spiegeln den Stand der Technik und Erkenntnisse zum Zeitpunkt der Veröffentlichung breiter. Für die Aktualität und Vollständigkeit der Informationen übernimmt der Autor keine Gewähr.

Haftungsausschluss
Die in diesem Buch enthaltenen Informationen wurden sorgfältig geprüft und nach bestem Wissen und Gewissen erstellt. Dennoch übernimmt der Autor und der Herausgeber keine Haftung für etwaige Schäden oder Konsequenzen, die durch die Anwendung der im Buch beschriebenen Strategien oder Techniken entstehen. Der Leser handelt auf eigenes Risiko.

Impressum
Autor und Herausgeber: Michael Mack
Adresse: Feichtmayrstraße 42, 87435 Kempten
Kontakt: mack.gutachter@gmail.com

Inhaltsverzeichnis

Warum Phishing eine psychologische und keine technische Herausforderung ist

Wussten Sie, dass 90 % aller erfolgreichen Cyberangriffe durch Phishing entstehen?

Da neun von zehn Angriffen durch menschliche Entscheidungen und Verhaltensweisen ermöglicht werden, ist es an der Zeit, psychologisches Wissen in den Fokus zu rücken. So verschaffen Sie sich einen entscheidenden Vorteil.

Lassen Sie uns eintauchen in die psychologischen Manipulationen hinter Phishing und entdecken, wie Sie mit psychologischem Wissen und neurowissenschaftlichen Erkenntnissen Angreifern immer einen Schritt voraus sein können.

Warum Phishing fast jeden betrifft

Phishing ist heute eine der größten Bedrohungen in der digitalen Welt. Was früher ein isoliertes Problem für Großunternehmen war, betrifft inzwischen fast jeden zweiten – von kleinen und mittleren Unternehmen (KMU) bis hin zu Einzelunternehmern. Mit der zunehmenden Digitalisierung sind die Angriffsflächen für Cyberkriminelle gewachsen, und die Angreifer haben ihre Methoden perfektioniert, um jeden zu manipulieren, der online kommuniziert.

Die Zahlen sprechen(leider) für sich:

- **Jedes zweite Unternehmen weltweit** war bereits Opfer eines Phishing-Angriffs. In Deutschland liegt diese Zahl laut einer aktuellen Studie bei etwa **46 %** – und die Tendenz ist steigend.
- **90 % aller erfolgreichen Cyberangriffe** beginnen mit einer Phishing-Nachricht. Angreifer nutzen dabei oft keine komplexen technischen Methoden, sondern setzen auf menschliche Schwächen bzw. Unwissenheit.
- **Kosten durch Phishing:** Die durchschnittlichen Kosten eines erfolgreichen Cyberangriffs liegen laut Branchenberichten bei über **1,1 Millionen Euro pro Unternehmen** – dabei sind sowohl direkte Verluste als auch Folgekosten wie Reputationsschäden, Produktionsausfälle und juristische Kosten eingerechnet.
- **Phishing als häufigste Methode:** Rund **36 % aller gemeldeten Sicherheitsvorfälle** in Unternehmen sind direkt auf Phishing zurückzuführen.
- **Zunahme der Angriffe:** Zwischen 2021 und 2023 stiegen die Phishing-Angriffe um **über 400 %**, insbesondere während der Pandemie, als mehr Menschen von zu Hause aus arbeiteten.
- **Erfolgsrate:** Studien zeigen, dass 1 von 4 Personen auf Phishing-Nachrichten hereinfällt, selbst wenn sie über die Phishing-Risiken informiert sind.

Ziel ist es, Ihnen oder Ihren Mitarbeitern zu zeigen, wie Phishing funktioniert, welche psychologischen Tricks die Angreifer anwenden und wie Sie sich durch psychologisches Wissen und gezielte neurowissenschaftliche Strategien schützen können.

Das Besondere an Phishing ist: Es richtet sich direkt an Personen – nicht an die Technik. Ein sicher konfiguriertes System kann eine Firewall haben, aber kein technischer Schutz kann uns davor bewahren, auf einen täuschend echten Link, eine E-Mail, Nachricht, Anruf etc. zu reagieren, die in einer vertrauenswürdig wirkenden Aktion verborgen sind. Hier setzen die gezielt genutzten psychologischen Tricks der Angreifer an – und genau hier finden wir auch die Lösung, um Phishing-Gefahren massiv zu reduzieren und Phishing-Angriffe zu verhindern.

Phishing-Angreifer nutzen **gezielt und strategisch** Emotionen, Stress, Uhrzeiten, Gewohnheiten, Logos, Unachtsamkeit sowie personalisierte Nachrichten, bekannte Namen, kulturelle Unterschiede, soziale Normen, Markenlogos und saisonale Gegebenheiten aus, um ihre Ziele zu erreichen.

Lassen Sie uns gemeinsam die psychologischen Strategien hinter Phishing verstehen und lernen, wie Sie mit psychologischem Wissen und neuesten neurowissenschaftlichen Erkenntnissen den Angreifern stets einen Schritt voraus sein können.

„Studien und Analysen bestätigen, dass neun von zehn erfolgreichen Angriffen – darunter auch Ransomware-Angriffe – nicht durch technische Schwachstellen, sondern durch menschliche Entscheidungen ermöglicht werden."

Ransomware-Angriffe sind eine Form von Cyberangriffen, bei denen die Angreifer Schadsoftware (Ransomware) verwenden, um den Zugriff auf Systeme, Daten oder Netzwerke eines Unternehmen oder einer Einzelperson zu blockieren. Die Angreifer verschlüsseln die Daten und fordern ein Lösegeld (meist in Kryptowährungen) im Austausch für den Schlüssel, mit dem die Daten wieder entschlüsselt werden können. Hier sind die wichtigsten Punkte kurz zusammengefasst:

Merkmale eines Ransomware-Angriffs:

1. **Datenverschlüsselung** : Die Angreifer verschlüsseln Dateien, sodass der Zugriff darauf unmöglich wird.
2. **Lösegeldforderung** : Eine Nachricht informiert das Opfer über die Verschlüsselung und fordert eine Zahlung, um die Daten wiederherzustellen.
3. **Drohungen** : Häufig drohen Angreifer, die Daten zu veröffentlichen oder vollständig zu zerstören, falls das Lösegeld nicht bezahlt wird.

Die Psychologie und Phishing

Die Phishing Angreifer sind keine gewöhnlichen Hacker, die nur auf Technik setzen. Sie sind geschickte Manipulatoren, die gezielt die natürlichen Funktionsweisen des menschlichen Gehirns und dessen Entscheidungsprozesse nutzen. Ihr Werkzeug ist nicht die Tastatur, sondern ein Verständnis davon, wie unser Gehirn auf bestimmte Reize und Situationen reagiert. Diese Phishing-Angreifer nutzen die gezielte Anwendung psychologischen Wissens als Erfolgsstrategie.

Was bedeutet das für Sie oder ihr Unternehmen?

- Phishing ist kein Problem, das „anderen" passiert. Es ist eine reale Gefahr/Herausforderung, der Sie sich stellen können – ob als Unternehmer, Mitarbeiter oder Privatperson.

- Ihr psychologisches Wissen ist Ihr stärkster Schutz. Mit dem richtigen psychologischen Wissen und einer wirkungsvollen Strategie, werden Sie den Angreifern und Phishing versuchen immer einen wichtigen Schritt voraus sein. **Sie sind psychologisch klüger und raffinierter als die Angreifer.**

Wissen über unser Gehirn - Der erste Vorteil

Bevor wir die psychologischen Tricks der Phishing-Angreifer im Detail beleuchten, ist es entscheidend, zu Wissen, wie unser Gehirn funktioniert. Unser Gehirn trifft jeden Tag Tausende von Entscheidungen – viele davon in Sekundenbruchteilen. Genau diese schnellen Entscheidungen, die oft von Emotionen und Instinkten geprägt sind, werden von Phishing-Angreifern strategisch und psychologisch ausgenutzt.

In den folgenden Abschnitten erfahren Sie:

1. Wie unser Gehirn Entscheidungen trifft und warum emotionale Reaktionen oft die Oberhand gewinnen.

2. Welche Rolle Emotionen wie Angst, Stress und Neugier bei Phishing spielen.

3. Warum Stress und Ablenkung das perfekte Umfeld für Angreifer schaffen.

4. Wie Gewohnheiten Phishing beeinflussen.

5. Und schließlich einige faszinierende Fakten aus der Neurowissenschaft, die erklären, warum bestimmte Phishing-Strategien so erfolgreich sind.

Mit diesem Wissen können Sie die Psychologie hinter den Angriffen der Phishing-Angreifer besser verstehen.

Sobald Sie sich dieses Wissen angeeignet haben, wird es noch spannender – wir analysieren die psychologischen Tricks der Angreifer detailliert und erlernen Strategien, die Ihnen oder Ihrem Unternehmen helfen, **psychologisch klüger als die raffiniertesten Angreifer** zu werden bzw. zu sein.

Wie unser Gehirn Entscheidungen trifft

Unser Gehirn trifft Entscheidungen auf zwei grundlegenden Wegen, die in der Neurowissenschaft als **System 1** und **System 2** bezeichnet werden:

- **System 1:** Schnell, intuitiv und emotional. Dieses System ist darauf ausgelegt, in Sekundenbruchteilen zu reagieren – ein Überbleibsel aus unserer evolutionären Vergangenheit, als schnelle Entscheidungen über Leben und Tod entscheiden konnten.

- **System 2:** Langsam, logisch und analytisch. Es wird aktiviert, wenn wir bewusst über etwas nachdenken und Abwägungen treffen. Dieses System benötigt mehr Energie und wird oft zugunsten von System 1 „übersprungen", insbesondere wenn wir unter Druck/Stress stehen.

Warum Phishing auf System 1 abzielt

Phishing-Angreifer gestalten ihre Nachrichten so, dass sie System 1 aktivieren und System 2 umgehen. Sie erzeugen Dringlichkeit, manipulieren gezielt unseren Emotionen und nutzen vertraute Reize wie Marken, Firmen oder Autoritätsfiguren(Namen vom Chef etc.), um schnelle und unüberlegte Reaktionen auszulösen.

Beispiel 1: Der Klassiker

Eine E-Mail mit dem Betreff „Ihr Konto wird gesperrt!" spricht direkt das limbische System an, das für schnelle, emotionale Reaktionen verantwortlich ist. Die Nachricht aktiviert Angst, und bevor System 2 die Chance hat, die Situation zu hinterfragen, klicken wir impulsiv auf den Link.

Beispiel 2: Die falsche IT-Mitteilung

Eine E-Mail mit dem Betreff „Wichtige IT-Wartung – Aktualisieren Sie Ihr Passwort jetzt!" spricht das limbische System an, indem sie Dringlichkeit erzeugt und suggeriert, dass es sich um eine offizielle Anweisung handelt. Die Nachricht spielt mit dem Vertrauen in die interne IT-Abteilung und aktiviert eine automatische Reaktion. Ohne die E-Mail zu hinterfragen, wird der angegebene Link angeklickt, bevor System 2 die Authentizität prüfen kann.

Wie wir unser System 2 stärken können

Um Phishing zu erkennen, ist es wichtig, System 2 gezielt zu trainieren und zu nutzen:

1. **Pause einlegen:** Geben Sie Ihrem Gehirn Zeit, die Nachricht zu bewerten. Aktivieren Sie bewusst System 2, indem Sie innehalten und die Nachricht kritisch/skeptisch lesen.

2. **Bewusstes Hinterfragen:** Stellen Sie sich selbst gezielte Fragen wie beispielsweise „Ist diese Nachricht logisch?"
   Das zwingt Ihr Gehirn, System 2 zu aktivieren.
3. **Mentale Gewohnheiten aufbauen:** Je öfter Sie diese Techniken anwenden, desto eher wird Ihr Gehirn automatisch System 2 einsetzen, um verdächtige Nachrichten, E-Mails, Anrufe, etc. zu hinterfragen.

Interessanter Fakt

Das menschliche Gehirn verarbeitet visuelle Informationen (z. B. Logos oder Markenfarben) bis zu **60.000 Mal schneller** als Text. Das erklärt, warum gefälschte Markenlogos in Phishing-Nachrichten oft so effektiv sind – sie wirken sofort vertraut und umgehen unser logisches Denken.

Die Rolle unserer Emotionen

Emotionen spielen eine zentrale Rolle in unserem Entscheidungsprozess, denn sie beeinflussen, wie wir auf unerwartete oder dringliche Situationen reagieren. Phishing-Angreifer verstehen es meisterhaft, gezielt Emotionen wie Besorgnis, Angst, Neugier, Verlockung, Druck oder Stress zu aktivieren. Diese emotionalen Auslöser können unser logisches Denken in den Hintergrund drängen und dazu führen, dass wir impulsiv handeln, ohne die Situation vollständig zu hinterfragen. Indem sie diese Reaktionen hervorrufen, lenken Angreifer unsere Aufmerksamkeit und Entscheidungsfähigkeit auf ihre Ziele. Dieses Verständnis der emotionalen Dynamik hilft uns jedoch, die Manipulation zu erkennen und bewusster mit Nachrichten umzugehen, die auf bestimmte Gefühle abzielen.

Wie und welche Emotionen unsere Entscheidungen besonders beeinflussen

- **Angst/Besorgnis:**
  Bedrohliche Botschaften wie „Ihr Konto wird gesperrt!" lösen Stress aus und aktivieren das limbische System, das für schnelle Antworten zuständig ist. Angst/Besorgnis blockiert den präfrontalen Cortex, der für logisches Denken verantwortlich ist.

- **Verlockung:**
Verlockungen wie „Sie haben 500 € gewonnen!"
aktivieren das Belohnungssystem im Gehirn.
Dopamin wird ausgeschüttet, und wir ignorieren
potenzielle Risiken.

- **Neugier:**
Nachrichten wie „Neue Bestellung erhalten.
Klicken Sie hier." sprechen unseren natürlichen
menschlichen Drang an, Unbekanntes zu
erkunden.

- **Schuldgefühle:**
Nachrichten wie „Wir haben eine
Zahlungserinnerung an Sie gesendet, die Sie
übersehen haben" wecken Schuldgefühle und
drängen uns dazu, zu handeln, um das „Problem"
zu beheben.

- **Dringlichkeit/Stress:**
„Handeln Sie sofort, bevor es zu spät ist!"
künstlicher Stress, der impulsives Handeln fördert
und uns daran hindert, die Nachricht zu
hinterfragen.

- **Furcht vor Verlust:**
„Ihr Zugang läuft bald ab – verlängern Sie jetzt!"
spielt auf unsere Verlustangst an. Wir Menschen
reagieren besonders empfindlich auf die
Möglichkeit, etwas Wichtiges zu verlieren.

- **Autoritätsdruck:**
  „Dies ist eine dringende Nachricht von Ihrem
  Chef." Die vermeintliche Autorität hinter der
  Nachricht fordert uns auf, Anweisungen
  unüberlegt zu befolgen.

Warum sind Gefühle so wirkungsvoll

Emotionen sind schneller als unser rationaler Verstand.
Wenn eine Nachricht geschickt formuliert ist, reagieren
wir emotional, bevor unser Gehirn die Logik der Situation
erfassen und hinterfragen kann. Das macht Phishing so
effektiv – es nutzt gezielte Emotionen, um uns zu
manipulieren.

Wie wir unsere Emotionen vor Manipulation schützen können

Achtsamkeit:
Erkennen Sie, wenn eine Nachricht starke Emotionen
auslöst. Machen Sie sich bewusst: „Ich fühle gerade
Stress/Neugier/Verlockung, und das beeinflusst mein
Denken."

Emotionen benennen:
Studien zeigen, dass das Benennen von Emotionen ihre
Intensität reduziert. Sagen Sie sich beispielsweise: „Diese
Nachricht löst in mir ....-Gefühle aus, aber
ich werde ruhig bleiben."

Gegensteuern mit rationalen Fragen:

- „Warum sollte ein seriöses Unternehmen so eine Nachricht senden?"
- Wurde ich schon einmal telefonisch zu so etwas aufgefordert?(Beispielweise Anruf von Vorstandsmitglied, Buchhaltung, IT - Abteilung etc.)
- „Ist die Nachricht wirklich sinnvoll?"
- „Was wäre das Schlimmste, wenn ich erst nach Rücksprache reagiere?"

Perspektivwechsel:
Versetzen Sie sich in die Rolle des Angreifers: „Wie würde ich vorgehen, wenn ich jemanden manipulieren wollte?" Das hilft Ihnen, die Absicht hinter der Nachricht zu erkennen.

Physiologische Regulation:
Emotionen wie Angst und Stress können durch einfache Atemübungen reguliert werden. Atmen Sie tief ein, halten Sie den Atem kurz an, und atmen Sie langsam aus. Das beruhigt das Nervensystem, lenkt Ihren Fokus um und aktiviert Ihren präfrontalen Cortex.

Visualisierungsspiel:
Stellen Sie sich vor, Sie erzählen einem Kollegen von der Nachricht oder dem Anruf. Würde sie ihm auch verdächtig vorkommen? Diese Methode schafft emotionalen Abstand und fördert rationales Denken.

Interessanter Fakt

Emotionen werden im Gehirn **200 Millisekunden schneller** verarbeitet **als rationale Gedanken**. Das bedeutet, dass wir oft emotional reagieren, bevor unser Verstand die Chance hat, eine Situation zu analysieren – und hier setzen die Phishing-Angreifer gezielt an.

Warum und wie Phishing auf Stress, Verlockung und Dringlichkeit abzielt

Stress/Druck ist einer der mächtigsten Auslöser für impulsive Entscheidungen. Wenn wir unter Druck stehen, aktiviert unser Gehirn automatisch ein Notfallprogramm, das schnelle Reaktionen priorisiert – leider oft auf Kosten unseres logischen Denkens. Phishing-Angreifer nutzen diesen Mechanismus gezielt aus, um uns zu manipulieren.

Wie Stress das Gehirn beeinflusst

- **Aktivierung des limbischen Systems:** Stress aktiviert den sogenannten „Kampf-oder-Flucht"-Modus. Der präfrontale Cortex, der für analytisches Denken zuständig ist, wird in den Hintergrund gedrängt.

- **Ausschüttung von Stresshormonen:** Hormone wie Adrenalin und Cortisol erhöhen die Herzfrequenz und verstärken das Gefühl von Dringlichkeit/Druck. Dadurch handeln wir zwar schneller, aber weniger überlegt.

- **Tunnelblick:** Stress reduziert unsere Fähigkeit, mehrere Optionen abzuwägen, und führt zu einer einseitigen Wahrnehmung. Das „Ich habe keine andere Wahl Gefühl." – ideal für Angreifer, die uns zu einer bestimmten Handlung drängen wollen.

Warum und wie Phishing auf Stress abzielt

Phishing-Angreifer setzen gezielt auf Stress, um uns in einen reflexartigen Zustand zu versetzen, in dem wir impulsiv handeln. Sie nutzen verschiedene Kommunikationsmittel wie E-Mails, Anrufe, SMS oder Social-Media-Nachrichten, um Druck- und Stresssituationen zu erzeugen, die unser logisches Denken außer Kraft setzen. Anbei ein paar erste Beispiele:

E-Mails:
- **Beispiel 1:** „Ihr Konto wurde kompromittiert – klicken Sie hier, um Ihr Passwort zu ändern!"

- **Beispiel 2:** „Sie haben eine ausstehende Rechnung. Zahlen Sie sofort, um zusätzliche Gebühren zu vermeiden."

E-Mails, Nachrichten, aber auch Anrufe kombinieren oft Dringlichkeit/Druck mit vermeintlichen Konsequenzen, um den Empfänger zu schnellen Handlungen zu drängen.

Telefonanrufe:

- **Beispiel 1:** Ein Anrufer gibt sich als Mitarbeiter der IT-Abteilung aus und behauptet: „Wir haben einen Sicherheitsverstoß im System festgestellt. Bitte geben Sie uns jetzt Ihre Zugangsdaten, um Ihr Konto zu schützen."

- **Beispiel 2:** Ein angeblicher Vertreter des Finanzamts oder ein Anwalt ruft an und sagt: „Wenn Sie nicht umgehend bezahlen, wird eine gerichtliche Maßnahme gegen Sie eingeleitet."

Telefonanrufe nutzen die direkte Kommunikation, um zusätzlichen Druck aufzubauen, da der Empfänger weniger Zeit hat, die Situation zu analysieren.

SMS und Chat-Nachrichten:

- **Beispiel 1:** „Ihr Paket kann nicht zugestellt werden." Klicken Sie hier, um die Lieferung zu bestätigen."

- **Beispiel 2:** „Ihr Bankkonto wurde eingeschränkt. Folgen Sie Bitte diesem Link, um es wieder freizuschalten."

Kurznachrichten arbeiten mit knappen, dringlichen Texten, die oft keinen Raum für Hinterfragen lassen.

Soziale Medien:

- **Beispiel 1:** Eine Direktnachricht eines vermeintlichen Freundes: „Ich bin in Schwierigkeiten, kannst du mir bitte Geld leihen?"

- **Beispiel 2:** „Sie haben gewonnen – nur für kurze Zeit verfügbar!" Klicken Sie hier, um den Gewinn zu erhalten."

Auf sozialen Plattformen setzen Angreifer oft auf persönliche Bindungen, zeitlich begrenzte Angebote oder auf bekannte Namen aus der Freundesliste um Nutzer zu Emotionen wie:

Druck/Mitgefühl/Verlockung/Vertrauen oder Stress

zu manipulieren.

Wie Stress uns manipuliert:

1. **Dringlichkeitsgefühle erzeugen:**
   Angreifer schaffen künstliche Eile, um rationales Denken zu umgehen. Botschaften wie „Handeln Sie jetzt, bevor es zu spät ist!" sind klassische Stressoren.

2. **Verlustangst verstärkt:**
   Drohungen wie „Ihr Konto wird gelöscht" oder „Sie verlieren Ihre Chance auf einen Rabatt" wecken die Angst vor negativen Konsequenzen.

3. **Soziale Manipulation:**
   Bei gezielten Anrufen oder persönlichen Nachrichten setzen Angreifer darauf, dass wir höflich sind oder Anweisungen von Behörden oder anderen Abteilungen befolgen wollen.

4. **Überforderung durch Multitasking:**
   Nachrichten oder Anrufe erreichen uns gezielt in Situationen, in denen wir abgelenkt sind (z. B. Kurz vor dem Feierabend, kurz vor der Mittagspause, etc.). Stress verstärkt die Wahrscheinlichkeit, impulsiv zu reagieren.

Zusätzliche Tipps, um Stress in solchen Situationen zu bewältigen:

1. **Erinnerung setzen:** Schreiben Sie sich eine Notiz, die Sie regelmäßig sehen. Diese visuelle Erinnerung hilft Ihnen, in kritischen Momenten innezuhalten.

2. **Kommunikationspause einlegen:** Wenn Sie per Telefon oder Nachricht unter Druck gesetzt werden, sagen Sie: „Ich muss das kurz überprüfen und komme gleich darauf zurück." Diese kurze Pause entzieht der Situation den Stressfaktor.

3. **Faktencheck:** Überprüfen Sie Behauptungen in Nachrichten oder Anrufen direkt bei der Quelle, z. B. durch Kontaktaufnahme mit Ihrer Bank oder dem Unternehmen, das angeblich hinter der Nachricht steht. Wählen Sie dafür die offiziellen Wege, nicht über den Link oder die mitgeteilte Telefonnummer oder Homepage.

Interessanter Fakt:

Studien zeigen, dass Menschen unter Stress ihre Entscheidungsgenauigkeit um bis zu **45 %** reduzieren. Das bedeutet, dass nahezu jede zweite Entscheidung unter Druck fehlerhaft ist – ein perfektes und beliebtes Szenario von Phishing-Angreifern.

Die Bedeutung von Aufmerksamkeit

Aufmerksamkeit ist ein begrenztes Gut. Unser Gehirn kann nur eine begrenzte Menge an Informationen gleichzeitig verarbeiten. Phishing-Angreifer nutzen gezielt Situationen aus, in denen unsere Aufmerksamkeit verstreut ist – etwa bei Multitasking-Aufgaben oder zu hektischen Zeiten.

Wie Aufmerksamkeit funktioniert

- **Selektive Aufmerksamkeit:**
  Das Gehirn filtert Informationen, um sich auf das Wesentliche zu konzentrieren. Phishing-Nachrichten sind so gestaltet, dass sie diesen Filter umgehen, indem sie auffällige Elemente wie „Dringlichkeit" oder „Bedrohung" nutzen.

- **Aufmerksamkeitsauslastung:**
  Wenn unser Gehirn bereits mit anderen Aufgaben beschäftigt ist, haben wir weniger Kapazitäten, um Nachrichten kritisch zu bewerten.

- **Automatische Prozesse:**
  Bekannte Logos oder Namen erhalten sofort unsere Aufmerksamkeit und erzeugen ein falsches Gefühl von Sicherheit oder Vertrauenswürdigkeit.

- **Emotionale Trigger:**
  Nachrichten, die Angst oder Neugier erzeugen, lenken unsere Aufmerksamkeit gezielt auf den Inhalt und weg von der kritischen Bewertung.

- **Zeitliche Muster:**
  Angreifer versenden Phishing-Nachrichten oft zu Zeiten, in denen die Aufmerksamkeit typischerweise geringer ist – beispielsweise morgens, kurz vor Feierabend oder während Stoßzeiten im Arbeitsalltag.

Warum Phishing von geteilter Aufmerksamkeit profitiert

- **Ablenkung im Alltag:**
  Wenn wir gleichzeitig E-Mails lesen, telefonieren und an einer Aufgabe arbeiten, reagieren wir schneller – oft ohne die Nachricht(und die Logik) gründlich zu prüfen.

- **Visuelle Reize:**
  Phishing-Angreifer setzen gezielt auf bekannte Farben, Logos oder Formulierungen, die sofort ins Auge fallen und unsere Aufmerksamkeit auf sich lenken.

- **Überforderte Entscheidungen:**
  Wenn wir viele Nachrichten oder Aufgaben gleichzeitig bearbeiten, neigen wir dazu, schnelle Entscheidungen zu treffen, um die Arbeitsbelastung zu reduzieren. Das erhöht die Wahrscheinlichkeit, auf Phishing hereinzufallen.

- **Gefälschte Dringlichkeit:**
  Nachrichten mit Betreffzeilen wie „Letzte
  Warnung!" oder „Handeln Sie sofort!" erzeugen
  Stress und lenken die Aufmerksamkeit auf die
  vermeintliche Bedrohung.

Wie Sie Ihre Aufmerksamkeit schützen und verbessern können

1. **E-Mail-Zeiten festlegen:**
   Lesen und beantworten Sie E-Mails zu festen
   Zeiten, anstatt sie zwischendurch zu prüfen. So
   können Sie jede Nachricht konzentriert bewerten.

2. **Visuelle Hinweise ignorieren:**
   Vertrauen Sie nicht blind auf visuelle Elemente wie
   Logos oder Designs. Prüfen Sie stattdessen die
   Details der Nachricht, z. B. den Absender und die
   Links(ohne anklicken des Link!).

3. **Ablenkungen minimieren:**
   Bearbeiten Sie verdächtige bzw. scheinbar
   dringliche Nachrichten in einem ruhigen Moment,
   frei von Ablenkungen.

4. **Prioritäten setzen:**
   Setzen Sie klare Prioritäten für Ihre Aufgaben, um
   Multitasking zu reduzieren und Ihre
   Aufmerksamkeit gezielt zu steuern.

5. **Die „Zwei-Blick-Regel" anwenden:**
   Wenn eine Nachricht wichtig erscheint, lesen Sie
   sie zweimal mit einem zeitlichen Abstand von
   mindestens fünf Minuten. Oft fallen Ihnen beim
   zweiten Lesen verdächtige Details auf.

6. **Aufmerksamkeitsmanagement trainieren:**
Verwenden Sie Achtsamkeitsübungen oder Apps,
um Ihre Konzentrationsfähigkeit zu verbessern
und Ablenkungen besser zu erkennen.

Interessanter Fakt

Studien zeigen, dass visuelle Reize wie Markenlogos das
Gehirn in weniger als 13 Millisekunden aktivieren
können. Weitere Forschung zeigt, dass 47 % der
Menschen Nachrichten basierend auf ihrer visuellen
Gestaltung bewerten, bevor sie den Text lesen – eine
ideale Voraussetzung für Phishing-Angreifer.

Die Macht der Gewohnheit

Gewohnheiten sind feste Verhaltensmuster, die unser
Gehirn automatisiert, um Energie zu sparen. Im Alltag ist
das oft hilfreich, beispielsweise beim Autofahren, doch
Phishing-Angreifer nutzen genau diese automatisierten
Prozesse zu ihrem Vorteil. Sie zielen darauf ab, vertraute
bzw. automatisch erlernte Routinen auszunutzen, um uns
unbemerkt zu manipulieren.

Wie Gewohnheiten unser Verhalten steuern

- **Automatische Handlungen:**
Unser Gehirn bevorzugt bekannte Abläufe, wie das
Klicken auf Links in E-Mails von scheinbar
vertrauten Absendern, ohne die Nachricht zu
hinterfragen.

- **Trigger und Belohnung:**
Gewohnheiten werden durch Auslöser wie bekannte Logos, vertraute Formulierungen oder Dringlichkeitswörter aktiviert. Die schnelle „Erledigung" dieser Aufgabe gibt uns ein Gefühl der Erleichterung oder Sicherheit.

- **Gewohnheit und Reflexion:**
Gewohnheiten reduzieren unsere bewusste Reflexion und verstärken die Wahrscheinlichkeit, dass wir routinemäßig reagieren, ohne die Situation zu analysieren oder zu hinterfragen.

- **Komfortzonen:**
Gewohnheiten schaffen Komfort und Vertrautheit. Phishing-Angreifer bauen auf diesem Effekt auf, indem sie Nachrichten, E-Mails oder Anrufe so gestalten, dass sie wie Routine-Aufgaben wirken.

Wie Angreifer Gewohnheiten nutzen

- **Vertrautheit vortäuschen:**
Phishing-Nachrichten sind oft so gestaltet, dass sie wie Routine-Kommunikation wirken, z. B. „Ihre monatliche Rechnung" oder „Aktualisieren Sie Ihre Kontodaten".

- **Zeitdruck erzeugen:**
Dringlichkeit/Zeitstress verstärkt unseren automatischen Handlungsimpuls, wodurch wir weniger Fragen stellen und intuitiv handeln.

- **Wiederholung von Mustern:**
  Wiederholte ähnliche Nachrichten („Ihr Konto ist nicht sicher", „Ihr Passwort läuft bald ab") stärken das Vertrauen in die Glaubwürdigkeit solcher Angriffe.

- **Zielgruppen Gewohnheiten ausnutzen:**
  Angreifer kennen die Arbeitsabläufe ihrer Zielgruppen, z. B. regelmäßige Rechnungs-Feierabendzeiten und passen ihre Nachrichten, Anrufe, etc. gezielt daran an.

Checkliste:

Was wir tun können mit unseren Gewohnheiten/Routinen

1. **Bewusst neue Routinen schaffen:**
   Trainieren Sie sich selbst, Nachrichten mit Handlungsaufforderung immer zu hinterfragen, bevor Sie handeln.

2. **Fragen-Liste erstellen:**
   Erstellen Sie eine persönliche Liste mit Fragen wie:

   - „Erscheint die Nachricht logisch und realistisch?"
   - „Kenne ich diesen Absender oder diese Art von Nachricht?"

3. **Handlung hinterfragen:**
   Fragen Sie sich: „Ist es wirklich sinnvoll sofort zu reagieren/zu handeln?"

Wie wir Gewohnheiten aufbauen, die uns schützen

- **Immer den Absender prüfen:**
  Gewöhnen Sie sich an, die E-Mail-Adresse, Telefonnummer, etc. sorgfältig zu überprüfen – selbst bei scheinbar vertrauten Namen, Firmennamen, Logos, etc.

- **Links immer untersuchen:**
  Fahren Sie mit der Maus über Links, um die tatsächliche URL zu sehen, und prüfen Sie diese detailliert, ohne diese anzuklicken.

- **Verdächtige Nachrichten immer melden:**
  Melden Sie jede verdächtige Nachricht an Ihre IT-Abteilung, auch wenn Sie sich nicht sicher sind.

- **Pausen einbauen:**
  Wie bereits erwähnt - Machen Sie es sich zur Gewohnheit, bei stressigen Nachrichten fünf Minuten zu warten, bevor Sie handeln.

- **Kritisches Denken trainieren:**
  Üben Sie, Nachrichten mit Handlungsaufforderung bewusst zu hinterfragen. Je öfter Sie dies tun, desto mehr wird es zur Routine und Gewohnheit.

Interessanter Fakt

Das Gehirn benötigt im Durchschnitt 21 Tage, um eine neue Gewohnheit zu etablieren. Regelmäßiges Training und bewusste Wiederholungen können gesunde Verhaltensmuster schaffen, die Manipulationen vorbeugen. Interessant ist auch, dass das Gehirn länger braucht, um alte Gewohnheiten vollständig abzulegen – bis zu 66 Tagen im Durchschnitt.

Neurowissenschaftliche Tipps zur Abwehr von Phishing

Mit diesem Wissen über die Funktionsweise unseres Gehirns können wir nun Strategien entwickeln, um uns effektiver gegen Phishing-Angriffe zu schützen.

Tipp 1: Aktivieren Sie Ihren präfrontalen Cortex

- **Warum es funktioniert:** Der präfrontale Cortex ist der Teil des Gehirns, der für logisches Denken und Planung verantwortlich ist. Indem Sie bewusst innehalten, analysieren und hinterfragen fördern Sie die Aktivität dieses Bereichs und reduzieren impulsive Reaktionen.
- **Wie Sie es anwenden:** Stellen Sie sich eine einfache Frage wie: „Warum fordert diese Nachricht genau jetzt genau diese Handlung von mir?"

Tipp 2: Nutzen Sie bewusste Pausen

- **Warum es funktioniert:** Stress und Dringlichkeit setzen den präfrontalen Cortex unter Druck. Eine kurze Pause senkt den Stresspegel und gibt dem Gehirn Zeit, die Situation rational zu bewerten.
- **Wie Sie es anwenden:** Atmen Sie tief durch und zählen Sie bis fünf, bevor Sie reagieren. Studien zeigen, dass schon wenige Sekunden bewusstes Atmen die Stresshormone deutlich reduzieren können.

Tipp 3: Trainieren Sie Ihre Aufmerksamkeit

- **Warum es funktioniert:** Aufmerksamkeit ist begrenzt. Indem Sie gezielt auf verdächtige Details achten, können Sie typische Phishing-Merkmale schneller erkennen.
- **Wie Sie es anwenden:** Erstellen Sie eine Frage, die Sie sich bei jeder verdächtigen Nachricht oder Nachricht mit Handlungsaufforderung fragen. Beispielfrage: Enthält die Nachricht emotionale Sprache wie Dringlichkeit, Verlockung oder Angst?

Tipp 4: Regulieren Sie Ihre Emotionen

- **Warum es funktioniert:** Emotionen wie Angst, Besorgnis oder Neugier überlagern oftmals logisches Denken. Das bewusste Regulieren von Emotionen gibt dem Gehirn die Kontrolle zurück.
- **Wie Sie es anwenden:** Identifizieren Sie die Emotion, die die Nachricht in Ihnen auslöst. Sagen Sie sich: „Diese Nachricht löst in mir die Emotion … aus, deshalb werde ich sie sorgfältig prüfen."

Tipp 5: Stärken Sie Ihre positiven Gewohnheiten

- **Warum es funktioniert:** Routinen helfen, sich automatisch vor typischen Phishing-Fällen zu schützen. Mit der Zeit werden diese Gewohnheiten zur zweiten Natur.

Wie Sie es anwenden:

- Öffnen Sie keine E-Mail-Anhänge von unbekannten Absendern.
- Überprüfen Sie E-Mails oder Nachrichten mit Handlungsaufforderung immer genau.
- Überprüfen Sie immer Links, bevor Sie klicken.

Interessanter Fakt

Unser Gehirn ist „neuroplastisch", was bedeutet, dass es neue Muster und Gewohnheiten aufbauen kann – unabhängig vom Alter. Regelmäßiges Training kann Ihre Fähigkeit zur Erkennung von Phishing-Nachrichten bzw. Manipulationsversuchen deutlich verbessern.

Teil II

Psychologisch raffinierter als die Angreifer sein

Inhaltsübersicht Teil II

Psychologisch klüger als die Angreifer sein

Manipulative Taktiken werden für uns leichter durchschaubar, wenn wir die dahinterliegenden Mechanismen verstehen. Indem wir gezielt Strategien und unser neues Wissen anwenden, können wir nicht nur Phishing-Angriffe erkennen, sondern uns auch im Alltag vor subtilen Manipulationen schützen – sei es am Arbeitsplatz, in Verhandlungen oder in persönlichen Beziehungen.

Studien zeigen, dass Menschen, die vor wichtigen Entscheidungen einen Moment innehalten, ihre Fehlerrate um bis zu **40 %** senken können.

In der Arbeit

Wenn Sie eine E-Mail mit dringendem Betreff wie „Wichtige Aufgabe bis heute Abend!" erhalten, nehmen Sie sich zwei Minuten Zeit, bevor Sie reagieren. Oft zeigt sich, dass die Dringlichkeit künstlich erzeugt wurde.

Im Alltag

Ihr Partner konfrontiert Sie mit einer überraschenden Aussage oder Frage. Anstatt sofort zu reagieren, sagen Sie: „Ich denke kurz darüber nach." Diese Pause schafft Raum für überlegtes Antworten.

Im Kontext von Phishing

Phishing-Nachrichten zielen darauf ab, Stress und Dringlichkeit zu erzeugen. Durch bewusstes Innenhalten gewinnen Sie die Zeit, die Nachricht gründlich zu prüfen.

Fragen stellen

Menschen, die regelmäßig kritische Fragen stellen, sind laut psychologischen Studien um bis zu **30 %** schwerer zu manipulieren.

In der Arbeit

Wenn ein fremder Kollege Sie um eine ungewöhnliche Aufgabe bittet, fragen Sie nach: „Warum ist das wichtig, und wer hat den Auftrag erteilt?" Dies schult Ihre Aufmerksamkeit und hilft, Fehler zu vermeiden.

Im Alltag

Ein Freund bittet Sie um einen Gefallen, der ungewöhnlich dringend erscheint. Fragen Sie: „Warum gerade jetzt?" oder „Warum kann ich das nicht später erledigen?" Diese Fragen klären, ob die Dringlichkeit echt ist.

Im Kontext von Phishing

Mit einer E-Mail, die um persönliche Daten bittet, stellen Sie sich drei Fragen:

1. Würde meine Bank solche Informationen per E-Mail anfordern?
2. Warum wird so viel Dringlichkeit/Druck erzeugt?
3. Kann ich diese E-Mail auf einem sicheren Weg überprüfen?

Interessanter Fakt

Menschen, die eine Situation aktiv hinterfragen, aktivieren die analytischen Bereiche ihres Gehirns und verringern die Wahrscheinlichkeit, manipuliert zu werden erheblich – im Beruf wie im Alltag.

Die Macht der Verzögerung

Verzögerung/Reflexion verbessert die Qualität von Entscheidungen, weil das Gehirn mehr Zeit hat, alternative Möglichkeiten und Logik abzuwägen.

In der Arbeit

Wenn eine digitale Aufforderung plötzlich als dringend gekennzeichnet wird, reflektieren Sie bewusst: „Macht es Sinn, dass diese Aufforderung als dringend gekennzeichnet wurde?"

Im Alltag

Ein Verkäufer versucht, Sie zu einem schnellen Kauf zu drängen. Verzögern Sie bewusst: „Ich denke darüber nach und komme später darauf zurück."

Im Kontext von Phishing

Oft erkennen Sie beim zweiten Lesen verdächtige Elemente. Gewöhnen Sie sich an E-Mails mit Handlungsaufforderung zweimal zu lesen.

Interessanter Fakt

Menschen, die bewusst verzögern, berichten von bis zu **50 %** weniger Unsicherheiten bei Entscheidungen.

Nutzen Sie Ihre Intuition

Unser Unterbewusstsein erkennt oft Manipulation, bevor unser Verstand es tut. Dieses Bauchgefühl kann ein wertvoller Schutz sein.

In der Arbeit

Eine Nachricht oder ein Anruf fühlt sich „nicht richtig" an. Vertrauen Sie Ihrem Instinkt und überprüfen Sie die Details sorgfältig, bevor Sie entscheiden und reagieren.

Im Alltag

Wenn ein Angebot zu gut klingt, um wahr zu sein, ist es das meistens auch. Hören Sie auf Ihr Bauchgefühl, wenn eine Situation oder ein Angebot sich „verdächtig anfühlt".

Im Kontext von Phishing

Wenn Ihnen eine Nachricht seltsam vorkommt, folgen Sie Ihrem Instinkt. Ignorieren Sie die Nachricht und melden Sie sie an die IT-Abteilung oder einen Dienstleister.

Interessanter Fakt

Ihre Intuition ist wie ein Frühwarnsystem. Je besser Sie es kennenlernen, desto besser schützt es Sie.

Skepsis - eine Art „Geheimwaffe" gegen Phishing und Manipulationsversuche

Phishing und andere manipulative Techniken leben davon, dass Menschen auf den ersten Eindruck reagieren, ohne die Situation zu hinterfragen. Skepsis ist der Schlüssel, um diese Art von Angriffen zu durchschauen. Sie ist nicht nur ein Schutzschild gegen Phishing, sondern ein universelles Werkzeug, das Ihnen hilft, bewusste und fundierte Entscheidungen zu treffen – ob am Arbeitsplatz, im Alltag oder im Umgang mit persönlichen Beziehungen.

Der Fokus von Skepsis in diesem Handbuch liegt also darin, dass sie nicht nur auf technische Hinweise achtet, sondern vor allem auf die psychologischen Muster und Tricks , die Angreifer nutzen. Skepsis lehrt uns, den ersten Impuls zu hinterfragen und Manipulation zu erkennen. Gerade in einer Welt, in der Informationen uns oft überfluten und Entscheidungen von uns schnell getroffen werden müssen, ist Skepsis im Kontext von E-Mails und Nachrichten eine Fähigkeit, die (leider)immer wichtiger wird.

Eine gesunde Skepsis ist ein entscheidender Schutz gegen Manipulation. Sie helfen, emotionale Reaktionen wie Dringlichkeit, Neugier, Angst oder Besorgnis zu hinterfragen und die Realität klarer zu sehen. Mit gezielten Übungen und realistischen Fallbeispielen können Sie Ihre Fähigkeiten stärken, skeptisch zu denken und Manipulationsversuche rechtzeitig zu erkennen.

Eine gesunde Skepsis kann laut Verhaltensforschern dazu beitragen, manipulative Situationen in über **70 %** der Fälle frühzeitig zu erkennen. Skepsis ist im Kontext von Phishing also so eine Art „Geheimwaffe."

In der Arbeit

Wenn ein unbekannter Kollege Sie um eine schnelle Unterschrift oder Daten bittet, fragen Sie sich: „Warum genau soll ich hier eigentlich unterschreiben oder Daten herausgeben?"

Im Alltag

Ein Bekannter erzählt Ihnen von einer scheinbar unglaublichen Investitionsmöglichkeit. Reagieren Sie skeptisch: „Kannst du mir genau erklären, wie das funktioniert?" oder „Hast du selbst schon damit Erfolg gehabt?"

Im Kontext von Phishing

Erstellen Sie eine persönliche Checkliste:

1. **Enthält die Nachricht Schreib- oder Grammatikfehler?**

2. **Ist der Absender plausibel?**

3. **Welche Emotionen wurden ausgelöst und Warum?**

Skepsis ist also keine übertriebene Vorsicht, sondern ein effektives Werkzeug, um Manipulation zu erkennen und souverän zu handeln. Sie schärft den Blick für Unstimmigkeiten und hilft, emotionale Reaktionen zu Hinterfragen. Gerade in der digitalen Welt, in der Phishing-Angriffe immer raffinierter werden, ist Skepsis der erste Schritt, um sich zu schützen – und sie ist, manchmal, auch im Alltag eine unschätzbare Gehilfin ;)

Interessanter Fakt

Skepsis ist, insbesondere im Kontext von Phishing, kein Pessimismus. Es ist eine bewusste Strategie, um sich vor falschen Entscheidungen oder vorschnellen Handlungen zu schützen.

Raffinierte Methoden

Übung 1: Die „Warum"-Methode

Stellen Sie sich bei jeder verdächtigen Nachricht, Anruf oder Anfrage mindestens drei Mal die Frage „Warum?"

- **Beispiel:** Sie erhalten eine Nachricht mit einem Gutschein-Angebot. Fragen Sie sich:
    1. Warum sollte ich diesen Gutschein erhalten?
    2. Warum fordert die Nachricht meine persönlichen Daten?
    3. Warum wird so viel Dringlichkeit erzeugt?

Durch diese Methode gelangen Sie oft zu der Erkenntnis, dass die Nachricht unlogisch oder manipulativ ist.

Übung 2: Die „Perspektivwechsel"-Methode

Versetzen Sie sich in die Rolle des potenziellen Manipulatoren und überlegenen Sie:

- „Wie würde ich vorgehen, wenn ich jemanden manipulieren wollte?"
- „Welche Taktiken würde ich anwenden, um jemanden unter Druck zu setzen?"

Dieser Perspektivwechsel schärft Ihre Wahrnehmung für unlogische oder manipulative Elemente in Nachrichten und Anfragen.

Übung 3: Die „Fake-Gespräch"-Methode

Bevor Sie auf eine verdächtige Nachricht reagieren, simulieren Sie ein Gespräch mit sich selbst oder einem Kollegen:

- Stellen Sie sich vor, jemand bittet Sie persönlich um dieselben Informationen oder Handlungen, wie in der Nachricht beschrieben.
- Fragen Sie sich: „Würde diese Bitte auch im direkten Gespräch logisch und glaubwürdig klingen?"

Oft zeigt sich, dass die Nachricht künstlich oder übertrieben wirkt, wenn Sie sie laut aussprechen.

Zusätzliche Tricks & Tipps für die Praxis

1. **Die „Pause-Regel" anwenden:** Wenn Sie eine Nachricht oder E-Mail erhalten, zwingen Sie sich, mindestens 5 - 30 Minuten zu warten, bevor Sie handeln. Oft erkennen Sie beim zweiten Durchlesen verdächtige Details.

2. **Mit Kollegen sprechen:** Teilen Sie verdächtige Nachrichten Kollegen oder der IT-Abteilung mit. Zwei Augenpaare sehen mehr als eines.

3. **Notieren Sie Muster:** Halten Sie häufige Anzeichen von Manipulation schriftlich fest, damit Sie schneller reagieren können, wenn Ihnen ähnliche Nachrichten begegnen.

Neurowissenschaft und Phishing-Erfolg

Die Angreifer verstehen und wissen, dass wir Menschen oft emotional handeln, besonders in Stresssituationen oder unter Zeitdruck. Sie nutzen dieses Wissen aus, indem sie gezielt folgende psychologische Taktiken einsetzen:

Stress und Dringlichkeit erzeugen

„Handeln Sie sofort, sonst wird Ihr Konto gesperrt!" – Solche Botschaften lösen Stress aus, der das limbische System aktiviert und den präfrontalen Cortex, der für logisches Denken verantwortlich ist, in den Hintergrund drängt.

Neurowissenschaftlicher Kontext:
Bei Stress schüttet das Gehirn Hormone wie Adrenalin und Cortisol aus, die unsere Kampf-oder-Flucht-Reaktion aktivieren. Diese chemische Reaktion priorisiert schnelle Entscheidungen, was Angreifer gezielt ausnutzen.

Vertrauen missbraucht

„Dies ist Ihre Bank. Bitte bestätigen Sie Ihre Daten." – Angreifer geben sich als vertrauenswürdige Institutionen aus, um den Empfänger dazu zu bringen, sinnvolle Informationen preiszugeben. Diese Strategie funktioniert besonders gut, wenn die Nachricht optisch professionell gestaltet ist.

Neurowissenschaftlicher Kontext:
Unser Gehirn ist darauf programmiert, Autoritäten und vertrauten Symbolen wie Logos oder bekannten Namen zu vertrauen. Studien zeigen, dass das Gehirn bei der Erkennung vertraulicher Marken oder Symbole innerhalb von Millisekunden Dopamin ausschüttet, was ein Gefühl von Sicherheit und Verlässlichkeit erzeugt – eine perfekte Basis für Manipulation.

Neugier wecken

„Sehen Sie sich die angehängte Rechnung an." – Neugier ist ein natürlicher menschlicher Impuls, den Angreifer gezielt nutzen. Eine scheinbar harmlose E-Mail kann dazu führen, dass der Empfänger einen schädlichen Anhang öffnet oder auf einen gefährlichen Link klickt.

Neurowissenschaftlicher Kontext:
Das Gehirn reagiert besonders stark auf unvollständige Informationen oder offene Fragen – ein Effekt, der als „Zeigarnik-Effekt" bekannt ist. Dieser drängt uns, ungelöste Informationen zu vervollständigen, selbst wenn sie unsicher erscheinen.

Emotionale Manipulation

Untersuchungen aus der Neurowissenschaft zeigen, dass 60 % der Betroffenen unter Zeitdruck stehen, als sie auf eine Phishing-Nachricht reagierten. Emotionen wie Angst, Stress, Neugier oder Gier beeinträchtigen die Fähigkeit, kritisch zu denken.

Neurowissenschaftlicher Kontext:
Emotionen werden vom limbischen System verarbeitet, das bis zu 200 Millisekunden schneller reagiert als der rationale Verstand. Das bedeutet, dass wir oft emotional handeln, bevor wir logisch nachdenken können – ein zentraler Schwachpunkt, den Phishing-Angreifer gezielt ausnutzen.

Täuschend echte Gestaltung

Moderne Phishing-Nachrichten nutzen Logos, Farben und Schreibstile, die schwer von legitimen Marken zu unterscheiden sind.

Neurowissenschaftlicher Kontext:
Das Gehirn reagiert auf visuelle Reize schneller als auf Text. Innerhalb von 13 Millisekunden kann es visuelle Informationen wie Farben und Logos verarbeiten und mit vertrauten Erinnerungen verknüpfen. Phishing-Angreifer nutzen dies, um ein Gefühl von Authentizität zu erzeugen, bevor das Gehirn die Nachricht kritisch prüfen kann.

Wissenschaftliche Fakten: Neurowissenschaft im Kontext von Phishing

1. Unser Gehirn liebt Vertrautheit

- **Fakt:** Das Gehirn bevorzugt bekannte Muster und reagiert positiv auf vertraute Logos, Farben und Namen – selbst wenn sie gefälscht sind.
- **Beispiel:** Ein gefälschtes Logo einer bekannten Marke in einer Phishing-Nachricht kann das Vertrauen erhöhen, weil das Gehirn es mit positiven Erfahrungen assoziiert.

2. Visuelle Reize sind schneller als Texte

- **Fakt:** Das Gehirn verarbeitet visuelle Informationen wie Logos oder Symbole bis zu **60.000 Mal schneller** als Text.
- **Relevanz:** Phishing-Nachrichten nutzen oft visuelle Elemente, um Vertrauen zu schaffen, bevor der Text überhaupt gelesen wird.

3. Emotionen übertrumpfen Logik

- **Fakt:** Emotionen werden im Gehirn **200 Millisekunden schneller** verarbeitet als rationale Gedanken. Das bedeutet, dass wir emotional reagieren, bevor wir bewusst darüber nachdenken.
- **Relevanz:** Phishing-Angreifer setzen gezielt auf emotionale Trigger wie Angst oder Neugier, um schnelle und unüberlegte Reaktionen auszulösen.

4. Multitasking verschlechtert Entscheidungen

- **Fakt:** Studien zeigen, dass Multitasking die Fehlerquote um bis zu **50 %** erhöht, weil das Gehirn nicht genug Ressourcen hat, um jede Aufgabe gründlich zu bewerten.
- Phishing-Nachrichten sind oft erfolgreich, wenn Empfänger abgelenkt sind und keine volle Aufmerksamkeit auf die Details der Nachricht richten können.

5. Warum Dopamin-Manipulation funktioniert

- **Fakt:** Das Belohnungssystem des Gehirns schüttet Dopamin aus, wenn wir glauben eine Belohnung zu erhalten.
- **Phishing** -Nachrichten, die große Gewinne oder exklusive Angebote versprechen, aktivieren dieses System und drängen uns dazu, impulsiv zu handeln.

6. Der „Halo-Effekt" und Markenlogos

- **Fakt:** Der „Halo-Effekt" beschreibt, wie positive Assoziationen zu einem bekannten Unternehmen unsere Wahrnehmung der Glaubwürdigkeit beeinflussen.
- **Eine Nachricht, die ein Markenlogo oder den Namen einer bekannten** Firma enthält, wirkt glaubwürdig, selbst wenn andere Elemente der Nachricht den „Fake" entlarven würden.

7. Zeitdruck verändert unser Gehirn

- **Fakt:** Wenn wir unter Zeitdruck stehen, wird die Aktivität im präfrontalen Cortex (rationales Denken) reduziert und die Reaktion des limbischen Systems (emotionale Entscheidungen) verstärkt.
- **Relevanz:** Phishing-Nachrichten nutzen oft Formulierungen wie „Handeln Sie sofort", um Begründungen zu umgehen.

Das menschliche Gehirn ist erstaunlich anpassungsfähig und lernfähig. Indem wir uns der Mechanismen bzw. Manipulationsstrategien werden bewusst, können wir uns schützen und stärken. Mit jedem neuen Wissen über unser Gehirn und über die psychologischen Manipulationen werden wir psychologisch klüger – und den Angreifern immer einen Schritt voraus sein.

Übersicht der psychologischen Tricks der Phishing-Angreifer

Phishing-Angreifer nutzen eine Vielzahl psychologischer Taktiken, um ihre Opfer zu manipulieren. Hier sind die wichtigsten:

1. Dringlichkeit

- **Beispiel:** „Ihr Konto wird innerhalb von 24 Stunden gesperrt, wenn Sie nicht sofort handeln!"
- **Wirkung:** Dringlichkeit Stress, und Stress blockiert die Fähigkeit erzeugt, klar zu denken. Menschen klicken, weil sie die Konsequenzen fürchten, ohne die Nachricht genau zu prüfen.

2. Autorität

- **Beispiel:** „Dies ist eine Nachricht von Ihrer Bank. Bitte aktualisieren Sie Ihre Kontodaten."
- **Wirkung:** Die Autorität einer Bank oder eines Vorgesetzten wird selten hinterfragt. Menschen neigen dazu, Anweisungen von vermeintlich höheren Stellen zu befolgen.

3. Angst

- **Beispiel:** „Es gab unbefugte Zugriffe auf Ihr Konto. Bitte ändern Sie sofort Ihr Passwort."
- **Wirkung:** Die Vorstellung, dass ihre Daten oder ihr Geld in Gefahr sein könnten, führt dazu, dass Menschen impulsiv handeln, um die Gefahr abzuwenden.

4. Gier

- **Beispiel:** „Herzlichen Glückwunsch! Sie haben einen 500-Euro-Gutschein gewonnen."
- **Wirkung:** Der Wunsch, etwas Wertvolles zu erhalten, überlagert oft die Skepsis, ob das Angebot legitim ist.

5. Neugier

- **Beispiel:** „Eine neue Rechnung liegt für Sie bereit. Öffnen Sie den Anhang, um die Details zu sehen."
- **Wirkung:** Menschen wollen wissen, was sich hinter einer Nachricht verbirgt, besonders wenn sie wie etwas Alltägliches erscheint.

6. Sympathie

- **Beispiel:** „Hallo, ich bin ein Freund von XY und brauche dringend deine Hilfe."
- **Wirkung:** Menschen sind hilfsbereiter, wenn sie das Gefühl haben, dass sie einer sympathischen oder vertrauenswürdigen Person helfen.

7. Vertrautheit

- **Beispiel:** „Hier ist Ihre monatliche Abrechnung von [Name eines bekannten Dienstes]."
- **Wirkung:** Bekannte Namen, Logos oder Marken erhöhen das Vertrauen und senken die Aufmerksamkeit für Details.

8. Gruppenzwang

- **Beispiel:** „Alle Mitarbeiter müssen bis Ende des Tages ihre Zugangsdaten aktualisieren, um den neuen Sicherheitsrichtlinien zu entsprechen."
- **Wirkung:** Die Vorstellung, dass „alle anderen" bereits etwas getan haben, übt subtilen Druck aus und fördert unüberlegtes Handeln.

9. Zeitliche Begrenzung

- **Beispiel:** „Dieses Angebot gilt nur für die nächsten 10 Minuten!"
- **Wirkung:** Die künstliche Verknappung von Zeit führt dazu, dass Menschen schnelle Entscheidungen treffen, ohne die Nachricht zu hinterfragen.

10. Falsche Sicherheit

- **Beispiel:** „Ihr Konto ist jetzt sicher. Bitte klicken Sie auf den Link, um Ihre Sicherheitsprüfung abzuschließen."
- **Wirkung:** Angreifer vermitteln den Eindruck, dass ein Sicherheitsmaßnahme erforderlich ist, um Vertrauen zu erwecken.

11. Überraschung

- **Beispiel:** „Sie haben ein Paket erhalten. Hier ist Ihr Tracking-Link."
- **Wirkung:** Überraschende Nachrichten führen oft dazu, dass Menschen sofort reagieren, um weitere Informationen zu erhalten.

12. Mitgefühl

- **Beispiel:** „Ich bin in einer schwierigen Lage und brauche Ihre Hilfe."
- **Wirkung:** Menschen reagieren emotional, wenn sie das Gefühl haben, dass jemand in Not ist, und übersehen dabei oft die Logik der Situation.

13. Drohung

- **Beispiel:** „Wenn Sie nicht innerhalb von 24 Stunden antworten, wird Ihr Konto für immer gesperrt."
- **Wirkung:** Drohungen erhöhen den Stresslevel und führen zu impulsiven Entscheidungen.

14. Reziprozität (Gegenseitigkeit)

- **Beispiel:** „Vielen Dank, dass Sie unser Kunde sind!" Klicken Sie hier, um Ihren Treuebonus zu erhalten."
- **Wirkung:** Menschen fühlen sich oft verpflichtet, zu reagieren, wenn sie das Gefühl haben, etwas geschenkt bekommen zu haben.

Fazit

Die psychologischen Tricks der Phishing-Angreifer sind vielseitig und gezielt darauf ausgerichtet, unsere natürlichen Verhaltensweisen auszunutzen. Indem Sie diese Taktiken nun kennen, können Sie sich besser davor schützen und lernen, manipulative Nachrichten, E-Mails oder Anrufe rechtzeitig zu entlarven.

Erkennungsmerkmale von Phishing und wie ich mich oder mein Unternehmen schützen kann

Wie erkenne ich Phishing?

Phishing-Nachrichten, Websites oder E-Mails sehen oft täuschend echt aus, was sie so gefährlich macht. Doch mit etwas Übung können Sie typische Merkmale erkennen und sich vor Angriffen schützen.

1. Ungewöhnliche Absenderadresse

- **Merkmal:** Phishing-Nachrichten kommen oft von E-Mail-Adressen, die nur auf den ersten Blick vertrauenswürdig oder richtig wirken.
- **Beispiel:** Statt kontakt@ihre-bank.de lautet die Adresse kontakt@bank-service.org
- **Tipp:** Überprüfen Sie die Domain (den Teil nach dem @). Seriöse Unternehmen nutzen meist offizielle Domains.

2. Verdächtige Links

- **Merkmal:** Links in Phishing-Nachrichten führen oft zu gefälschten Websites.
- **Beispiel:** Statt www.ihre-bank.de/login führt der Link zu www.ihre-bank-secure-login.com
- **Tipp:** Bewegen Sie den Mauszeiger über den Link (ohne darauf zu klicken), um die tatsächliche Zieladresse anzuzeigen.

3. Grammatik- und Rechtschreibfehler

- **Merkmal:** Professionelle Unternehmen machen selten Fehler in offiziellen Mitteilungen.
- **Beispiel:** „Sehr geehrte/r Kunden, Ihr Konto hat Sicherheitsproblem."
- **Tipp:** Achten Sie auf auffällige(und unauffällige) Fehler oder unübliche Formulierungen.

4. Unerwartete Nachrichten

- **Merkmal:** Sie erhalten eine E-Mail über eine angebliche Bestellung, Gewinn oder Lieferung..
- **Beispiel:** „Ihre Bestellung wurde versendet. Öffnen Sie den Anhang, um die Rechnung zu prüfen."
- **Tipp:** Überprüfen Sie, ob die Nachricht zu Ihren tatsächlichen Aktivitäten passt.

5. Emotionale Sprache

- **Merkmal:** Phishing-Nachrichten spielen oft mit Ihren Gefühlen, sei es Angst („Ihr Konto wird gesperrt") oder Neugier („Sie haben gewonnen!").
- **Beispiel:** „Handeln Sie jetzt, um Ihre Daten zu sichern!"
- **Tipp:** Bleiben Sie ruhig und überprüfen Sie die Nachricht in Ruhe.

6. Aufforderung zur Preisgabe sinnvoller Daten

- **Merkmal:** Seriöse Unternehmen fordern so gut wie nie per E-Mail oder Anruf persönliche Daten wie Passwörter, Kontodaten oder PINs an.
- **Beispiel:** „Bitte geben Sie Ihr Passwort ein, um Ihr Konto zu verifizieren."
- **Tipp:** Geben Sie sinnvolle Daten nur über offizielle Kanäle weiter.

7. Fehlender persönlicher Bezug

- **Merkmal:** Phishing-Nachrichten verwenden häufig allgemeine Anreden wie „Sehr geehrte/r Kunde/in" anstelle Ihres Namens.
- **Beispiel:** „Sehr geehrte/r Nutzer/in, Ihr Konto hat ein Problem."
- **Tipp:** Seien Sie skeptisch, wenn die Nachricht unpersönlich wirkt.

8. Dringende Handlungsaufforderungen

- **Merkmal:** Nachrichten, die sofortiges Handeln fordern, sind oft Phishing-Versuche.
- **Beispiel:** „Aktualisieren Sie Ihre Daten innerhalb der nächsten 24 Stunden, um den Zugang zu behalten."
- **Tipp:** Nehmen Sie sich Zeit, bevor Sie handeln. Überprüfen Sie die Nachricht gründlich.

9. Ungewöhnliche Anhänge

- **Merkmal:** Phishing-Nachrichten enthalten oft Anhänge, die schädliche Software installieren können.
- **Beispiel:** „Rechnung_12345.zip" oder „Dokument.exe".
- **Tipp:** Öffnen Sie keine Anhänge von unbekannten Absendern oder mit ungewöhnlichen Dateiendungen oder Dateinamen.

10. E-Mails, die zu gut klingen, um wahr zu sein

- **Merkmal:** Angebote oder Gewinne, die unrealistisch erscheinen, sind oft Phishing-Versuche.
- **Beispiel:** „Sie haben 10.000 € gewonnen." Klicken Sie hier, um Ihren Gewinn zu beanspruchen."
- **Tipp:** Hinterfragen Sie solche Nachrichten kritisch – seriöse Gewinne kommen selten überraschend.

Checkliste: So prüfen Sie verdächtige Nachrichten, Websites, Links und E-Mails

- **Absender:** Ist die E-Mail-Adresse echt? Überprüfen Sie den Domainnamen (z. B. @ihre-bank.de).

- **Sprache:** Wirkt die Nachricht authentisch oder sind Fehler enthalten?

- **Links:** Führen die Links zu einer bekannten Website? (Domain und Logo genau prüfen!)

- **Anhänge:** Öffnen Sie keine Anhänge von unbekannten Absendern.

- **Inhalt:** Fragen Sie sich: Warum sollte ich diese Nachricht erhalten? Ist sie plausibel?

Praktische Beispiele: Phishing oder nicht?

1. **Beispiel 1:**
   Betreff: *„Dringend: Ihr Konto wurde gesperrt.“*
   Inhalt: „Bitte klicken Sie auf den folgenden Link, um Ihre Zugangsdaten zu bestätigen.“

   - **Erkennung:** Der Absender ist unbekannt, die Nachricht erzeugt Angst und der Link führt zu einer gefälschten Website.

2. **Beispiel 2:**
   Betreff: *„Vielen Dank für Ihren Einkauf!“*
   Inhalt: „Ihre Bestellung ist unterwegs. Öffnen Sie die beigefügte Rechnung für Details.“

   - **Erkennung:** Sie haben nichts bestellt, und der Anhang könnte Schadsoftware enthalten.

3. **Beispiel 3:**
   Betreff: *„Einladung zur Vorstandssitzung.“*
   Inhalt: „Hier finden Sie die Agenda für die Sitzung am 20. Juni.“

   - **Erkennung:** Die Nachricht sieht glaubwürdig aus, aber der Anhang ist eine ausführbare Datei (.exe) – ein klares Warnsignal.

Technische Tools zur Unterstützung

Neben einem wachsamen Auge können technische Hilfsmittel dabei helfen, Phishing-Versuche zu erkennen:

- **E-Mail-Filter:** Viele E-Mail-Dienste wie Gmail oder Outlook markieren ausgewählte Nachrichten automatisch.
- **Sicherheitssoftware:** Programme wie Anti-Viren-Software oder Anti-Phishing-Tools bieten zusätzlichen Schutz.
- **Authentifizierung:** Zwei-Faktor-Authentifizierung (2FA) erschwert es Angreifern, auf Ihre Konten zuzugreifen.

Was tun, wenn Sie sich nicht sicher sind?

- **Nicht klicken, nicht öffnen:** Klicken Sie niemals auf verdächtige Links oder Anhänge.
- **Direkt nachfragen:** Kontaktieren Sie den tatsächlichen Absender (z. B. Ihre Bank), verwenden Sie jedoch dafür deren offizielle Kontaktinformationen, nicht die aus der Nachricht.
- **Melden:** Informieren Sie Ihren IT-Support oder Anbieter über verdächtige Nachrichten.

Fazit

Phishing ist nur so erfolgreich, wie wir es zulassen. Mit einem wachsamen Auge und der richtigen Checkliste können Sie die Angriffe erkennen und abwehren. Sicherheit beginnt damit, immer einen Moment innezuhalten und die Nachricht skeptisch zu prüfen.

Wie kann ich mich noch schützen?

Phishing-Angriffe lassen sich nicht vollständig verhindern, aber Sie können das Risiko erheblich reduzieren, indem Sie ein paar einfache Regeln befolgen. Der Schlüssel liegt in einer Kombination aus technischem Schutz und bewusstem Verhalten.

1. Technische Schwierigkeiten

- **Zwei-Faktor-Authentifizierung (2FA):**
  - Aktivieren Sie 2FA für alle wichtigen Konten. Dabei wird neben Ihrem Passwort ein zusätzlicher Bestätigungscode benötigt, der Angreifern den Zugriff erschwert.
  - Beispiel: Ein Code, der an Ihr Handy gesendet wird, oder die Nutzung einer Authentifizierungs-App.

- **Aktuelle Software:**
  - Halten Sie Ihr Betriebssystem, Ihre Anwendungen und Ihre Sicherheitssoftware immer auf dem neuesten Stand. Updates schließen bekannte Sicherheitslücken.

- **E-Mail-Filter:**
  - Nutzen Sie professionelle Spam- und Phishing-Filter, die schädliche Nachrichten automatisch markieren oder blockieren.

- **Sicherheitssoftware:**
  - Installieren Sie eine zuverlässige Anti-Viren-Software, die auch Anti-Phishing-Tools enthält. Diese erkennen häufig verdächtige Links und Dateien.

- **Starke Passwörter:**
  - Verwenden Sie komplexe und einzigartige Passwörter für jedes Konto. Ein Passwort-Manager kann Ihnen helfen, diese sicher zu speichern.

- **Denken Sie daran, bevor Sie klicken:**
  - Wenn eine Nachricht Dringlichkeit oder Druck erzeugt, halten Sie inne. Überlegen Sie: „Ist das plausibel?"

- **Links überprüfen:**
  - Fahren Sie mit der Maus über Links, um die Zieladresse zu sehen, bevor Sie klicken. Wenn sie verdächtig aussieht, ignorieren Sie sie.

- **Keine sinnvollen Daten preisgeben:**
  - Seriöse Unternehmen fordern Sie nie per E-Mail, Anruf oder SMS auf, Passwörter oder andere wichtige Daten preiszugeben.

- **Misstrauen bei Anhängen:**
  - Öffnen Sie keine Anhänge, wenn Sie den Absender nicht sicher kennen. Insbesondere ausführbare Dateien (.exe, .zip) sind oft gefährlich.

- **Melden Sie verdächtige Nachrichten:**
  - Leiten Sie verdächtige E-Mails an Ihren IT-Support weiter oder melden Sie sie direkt bei Ihrem E-Mail-Anbieter.

Neue Gewohnheiten etablieren

Sicherheit beginnt mit kleinen Verhaltensänderungen, die zur Routine werden können:

- **Tägliche Vorsicht:** Überprüfen Sie Ihre E-Mails, bevor Sie handeln. Gewöhnen Sie sich an, jede Nachricht logisch zu hinterfragen.

- **Regelmäßige Schulungen:** Halten Sie sich und Ihr Team durch Cybersicherheits-Schulungen auf dem neuesten Stand. Wissen ist der beste Schutz.

- **Skeptische Grundeinstellung:** Erlauben Sie sich selbst, dass Misstrauen im digitalen Raum (leider)gesünder ist als unvoreingenommenes Vertrauen.

Checkliste:

Was tun Sie, wenn Sie einen Phishing-Angriff vermuten?

- **Nicht reagieren:** Sie antworten nicht und klicken Sie auf nichts.

- **Sofort melden:** Informieren Sie Ihre IT-Abteilung oder den E-Mail-Anbieter.

- **Konto überprüfen:** Überprüfen Sie Ihre Konten, um sicherzustellen, dass keine unbefugten Aktivitäten stattgefunden haben.

- **Passwörter ändern:** Falls Sie Zweifel haben, ändern Sie sicherheitshalber ihre Passwörter.

Interessante Fallstudien

Reale Fälle von Phishing-Angriffen zeigen, wie Angreifer geschickt vorgehen und welche Schäden sie anrichten können. Gleichzeitig geben Sie wertvolle Hinweise, wie solche Vorfälle verhindert werden können.

Fallstudie 1: Der CEO-Fraud

Der Vorfall:
Ein mittelständisches Unternehmen mit etwa 100 Mitarbeitern erhielt eine E-Mail, die scheinbar vom Geschäftsführer stammte. In der Nachricht forderte der vermeintliche Geschäftsführer die Buchhalterin auf, dringend 75.000 Euro auf ein bestimmtes Konto zu überweisen, da es sich um eine wichtige Geschäftsangelegenheit handelte. Die E-Mail war sprachlich und visuell perfekt gestaltet, sodass die Buchhalterin keinen Verdacht schöpfte. Sie führten die Überweisung aus, bevor Sie Rückfragen stellten.

Die Folgen:
Die 75.000 Euro waren verloren, und die Täter konnten nicht identifiziert werden. Zusätzlich zu dem finanziellen Schaden musste das Unternehmen mit einem Vertrauensverlust und internen Konsequenzen kämpfen.

Was schiefging:

- Die Buchhalterin überprüfte die E-Mail nicht sorgfältig.
- Sie haben den Geschäftsführer nicht kontaktiert, um die Anfrage zu bestätigen.

Wie es hätte verhindert werden können:

- Eine klare interne Richtlinie für Überweisungen hätte die Buchhalterin verpflichtet, Rücksprache mit dem Geschäftsführer zu halten.
- Eine kurze Prüfung der E-Mail-Adresse hatte gezeigt, dass sie leicht vom Original abwich.

Fallstudie 2: Die gefälschte Rechnung

Der Vorfall:
Ein kleiner Betrieb mit 20 Mitarbeitern erhielt eine E-Mail mit einer angeblichen Rechnung eines bekannten Lieferanten. Die E-Mail wirkt vertraulich, da sie das Logo des Lieferanten enthält und einen plausiblen Betrag verlangt. Der Anhang enthielt jedoch Schadsoftware, die die Server des Unternehmens verschlüsselte, sobald er geöffnet wurde. Die Angreifer verlangen ein Lösegeld von 10.000 Euro für die Entschlüsselung der Daten.

Die Folgen:
Das Unternehmen musste zahlen, da keine aktuellen Backups vorhanden waren. Zusätzlich gingen wertvolle Daten unwiederbringlich verloren.

Was schiefging:

- Der Anhang wurde geöffnet, ohne den Absender zu überprüfen.
- Es fehlt eine Sicherheitssoftware, die den Angriff hätte abwehren können.

Wie es hätte verhindert werden können:

- Keine Anhänge öffnen, ohne den Absender zu verifizieren.
- Regelmäßige Backups hätten den Schaden minimieren können.
- Eine Anti-Viren-Software hätte die Schadsoftware möglicherweise blockiert.

Fallstudie 3: Der vermeintliche Gewinn

Der Vorfall:
Ein Mitarbeiter erhielt eine E-Mail, in der ihm ein Gewinn von 500 Euro versprochen wurde. Um den Gewinn zu erhalten, sollten Sie seine Kontodaten in einem Formular eingeben. Der Mitarbeiter starb – und stellte wenig später fest, dass mehrere unbefugte Abbuchungen von seinem Konto vorgenommen wurden.

Die Folgen:

Der Mitarbeiter verlor mehrere hundert Euro. Da er seine persönlichen Daten freiwillig preisgegeben hatte, war eine Rückerstattung schwierig.

Was schiefging:

- Der Mitarbeiter ließ sich von der Aussicht auf einen Gewinn ausblenden.
- Er hinterfragte nicht, warum er angeblich gewonnen hatte, ohne an einem Gewinnspiel teilgenommen zu haben.

Wie es hätte verhindert werden können:

- Eine kritische Grundhaltung gegenüber solchen Nachrichten hätte das Risiko minimiert.
- Schulungen zur Erkennung von Phishing hatten den Mitarbeiter sensibilisiert.

Was wir aus diesen Fällen lernen können

1. **Prüfen, nicht vertrauen:** Jede Nachricht sollte kritisch hinterfragt werden, insbesondere wenn sie ungewöhnlich oder dringend erscheint.
2. **Sicherheitsmaßnahmen umsetzen:** Regelmäßige Backups, Anti-Viren-Software und klare interne Richtlinien sind unverzichtbar.
3. **Emotionen kontrollieren:** Angreifer setzen auf Angst, Gier und Stress. Wer die Ruhe bewahrt, bleibt weniger angreifbar.

Fazit

Phishing ist keine abstrakte Gefahr, sondern eine echte Bedrohung, die erhebliche Schäden anrichten kann. Doch jeder Fall zeigt auch: Mit den richtigen Maßnahmen und einem geschulten Bewusstsein lassen sich viele Angriffe verhindern.

Fall-Beispiele aus der Praxis

Der gefälschte CEO

Ein Mitarbeiter eines Unternehmens erhält eine E-Mail, die angeblich vom Geschäftsführer stammt. In der Nachricht steht: „Überweisen Sie bitte 10.000 € auf dieses Konto, es ist dringend." Da die E-Mail professionell gestaltet ist und der Mitarbeiter den Namen des Geschäftsführers kennt, führt er die Überweisung durch – ein klassischer Fall von **Autoritätsmissbrauch** .

Die mysteriöse Rechnung:

Ein Buchhalter erhält eine E-Mail mit einer vermeintlichen Rechnung als Anhang. Neugierig öffnet er die Datei, die jedoch eine Schadsoftware enthält, die die Unternehmensserver verschlüsselt. Dieses Szenario spielt auf **Neugier und Routine** an.

Der gefälschte IT-Support

Ein Mitarbeiter erhält eine E-Mail, die angeblich von der internen IT-Abteilung stammt. In der Nachricht wird behauptet, dass sein Passwort abgelaufen ist und er es über den bereitgestellten Link zurücksetzen muss. Die Website sieht täuschend echt aus, und der Mitarbeiter gibt seine Zugangsdaten ein, die direkt an den Angreifer übermittelt werden.

- **Trick:** Vertrauen und Dringlichkeit.

- **Folge:** Die Angreifer nutzen die Zugangsdaten, um sinnvolle Unternehmensdaten zu stehlen.

Die vollständige Paketlieferung

Eine Privatperson erhält eine SMS mit dem Text: „Ihr Paket wurde nicht zugestellt. Klicken Sie hier, um Ihre Adresse zu bestätigen." Der Link führt zu einer Seite, die nach persönlichen Daten fragt, einschließlich Name, Adresse und Zahlungsinformationen.

- **Trick:** Überraschung und Neugier.

- **Folge:** Die Angreifer nutzen die gesammelten Daten, um Identitätsdiebstahl zu begehen.

Der unerwartete Gewinn

Eine Person erhält eine E-Mail, in der mitgeteilt wird, dass er/sie bei einem Firmengewinnspiel gewonnen hat. Um den Gewinn zu beanspruchen, soll eine Bearbeitungsgebühr von 49 Euro überwiesen werden. Da die E-Mail optisch ansprechend gestaltet ist und von einer bekannten Firma mit bekannter Marke zu stammen scheint, führt er/sie die Überweisung durch.

- **Trick:** Freude, Gier und Vertrauen.

- **Folge:** Der Gewinn existiert nicht, und das Geld ist unwiederbringlich verloren.

Der falsche Geschäftspartner

Ein Unternehmen erhält eine E-Mail, die scheinbar von einem langjährigen Geschäftspartner stammt. In der Nachricht wird angegeben, dass sich die Kontodaten des Partners geändert haben und zukünftige Zahlungen auf das neue Konto erfolgen sollen. Da die E-Mail professionell aussieht und die Daten des Geschäftspartners korrekt sind, veranlasst der Buchhalter die Überweisung.

- **Trick:** Vertrautheit und Autorität.

- **Folge:** Das Geld landet auf dem Konto des Angreifers, und die Rückverfolgung ist nahezu unmöglich.

Was kann ein Unternehmen tun

Unternehmen tragen eine besondere Verantwortung, ihre Mitarbeiter vor Phishing-Angriffen zu schützen. Angreifer nutzen nicht nur technische Schwachstellen, sondern gezielt auch menschliche Fehler aus. Mit klaren Strategien und Maßnahmen kann Unternehmen das Risiko erheblich senken.

1. Sensibilisierung der Mitarbeiter

Die erfolgreichsten Phishing-Angriffe basieren auf menschlichem Verhalten. Sensibilisierte und geschulte Mitarbeiter sind daher die beste Verteidigung.

- **Regelmäßige Schulungen:**
  - Führen Sie mindestens einmal pro Jahr Schulungen durch, um Ihre Mitarbeiter auf neue Phishing-Methoden aufmerksam zu machen.
  - Ergänzend dazu führen Sie kurze Wiederholungseinheiten oder Quizze durch, um das Wissen aufzufrischen.

- **Simulationen:**
  - Testen Sie die Wachsamkeit Ihrer Mitarbeiter mit simulierten Phishing-Angriffen. Diese Übungen helfen, Schwachstellen aufzudecken und das Bewusstsein zu schärfen.

- **Leitfäden und Checklisten:**
  - Stellen Sie Ihren Mitarbeitern einfache Hilfsmittel zur Verfügung, um umfangreiche Nachrichten schnell zu überprüfen.

2. Klare interne Richtlinien

Einheitliche Regeln und Prozesse helfen, menschliche Fehler zu vermeiden:

- **Freigabeprozesse für Zahlungen:**
  - Legen Sie verbindliche Richtlinien fest, die vorschreiben, dass alle Überweisungen, insbesondere an neue Konten, intern freigegeben werden müssen.

- **Kommunikationswege:**
  - Definieren Sie, welche Kommunikationswege für sinnvolle Informationen genutzt werden dürfen.
  - Beispiel: Keine sensiblen Daten per E-Mail oder SMS weitergeben.

- **Meldepflicht:**
  - Schaffen Sie eine Kultur, in der verdächtige Nachrichten sofort gemeldet werden. Bieten Sie einfache und anonyme Meldewege an.

3. Technische Schutzmaßnahmen

Technische Lösungen können Phishing-Angriffe erschweren und abwehren:

- **E-Mail-Filter:**
  - Nutzen Sie fortschrittliche Spam- und Phishing-Filter, um verdächtige Nachrichten automatisch auszufiltern.

- **Zwei-Faktor-Authentifizierung (2FA):**
  - Implementieren Sie 2FA für alle sinnvollen Zugänge, um den Zugriff für Angreifer zu erschweren.

- **Backups:**
  - Erstellen Sie regelmäßige Backups aller wichtigen Daten, um im Falle eines Angriffs handlungsfähig zu bleiben.

- **Anti-Viren-Software:**
  - Installieren und aktualisieren Sie regelmäßig Anti-Viren- und Anti-Malware-Programme, die Phishing-Angriffe erkennen können.

4. Eine Kultur der Wachsamkeit fördern

Technische Maßnahmen allein reichen nicht aus. Unternehmen müssen eine Sicherheitskultur etablieren, die alle Mitarbeiter einbezieht:

- **Belohnung für Aufmerksamkeit:**
  - Belohnen Sie Mitarbeiter, die verdächtige Nachrichten melden, um das Sicherheitsbewusstsein zu fördern.

- **Keine Angst vor Fehlern:**
  - Schaffen Sie ein Umfeld, in dem Mitarbeiter ohne Angst vor Konsequenzen Fehler melden können. Nur so können daraus Lehren gezogen werden.

- **Transparente Kommunikation:**
  - Teilen Sie Informationen über aktuelle Bedrohungen und wie das Unternehmen darauf reagiert. Dies erhöht das Engagement der Mitarbeiter.

5. Zusammenarbeit mit Experten

Phishing ist ein dynamisches Feld, und Unternehmen sollten externe Expertise nutzen:

- **Professionelle Schulungen:**
  - Beauftragen Sie Experten, um Ihre Mitarbeiter effektiv zu schulen und auf den neuesten Stand zu bringen.

- **Audit und Beratung:**
  - Lassen Sie Ihre Sicherheitsmaßnahmen regelmäßig von externen Spezialisten überprüfen, um Schwachstellen aufzudecken.

Fazit

Ein erfolgreiches Phishing-Risikomanagement erfordert die Kombination aus **technischen Schutzmaßnahmen** , **psychologisch geschulten Mitarbeitern** und einer **starken Aufmerksamkeitskultur**. Unternehmen, die sich proaktiv schützen, können nicht nur finanzielle Schäden vermeiden, sondern auch das Vertrauen ihrer Kunden und Partner stärken.

Die wichtigsten 4 Punkte im Überblick

1. **Phishing erkennen:** Seien Sie aufmerksam bei ungewöhnlichen E-Mails, SMS oder Anrufen. Hinterfragen Sie, bevor Sie handeln.

2. **Psychologie verstehen:** Lassen Sie sich nicht von Dringlichkeit, Angst oder Verlockung manipulieren. Denken Sie logisch und skeptisch.

3. **Technische Maßnahmen umsetzen:** Nutzen Sie Tools wie Zwei-Faktor-Authentifizierung und E-Mail-Filter, um Ihre digitale Sicherheit zu stärken.

4. **Mitarbeiter sensibilisieren:** Unternehmen profitieren von geschulten Teams und klären Sicherheitsrichtlinien.

Sicherheitsbewusstsein ist keine einmalige Maßnahme, sondern ein fortlaufender Prozess. **Schaffen Sie neue, raffinierte Routinen am Arbeitsplatz,** in der Sie und Ihre Mitarbeiter verdächtige Nachrichten hinterfragen, technische Schutzmaßnahmen einsetzen und regelmäßig Ihr Wissen über Phishing auffrischen.

Abschluss & Dank

Phishing ist eine der größten Herausforderungen unserer digitalen Zeit. Es macht keinen Halt vor Branchen, Unternehmensgrößen oder Einteilung. Jeder, der digitale Kommunikationsmittel nutzt, ist potenziell ein Ziel.

Doch die gute Nachricht ist: Sie können sich schützen. Mit dem Wissen aus diesem Handbuch und einer bewussten Herangehensweise an digitale Kommunikation können Sie in der Lage sein, bis zu 90% aller Phishing-Angriffe frühzeitig zu erkennen und zu vermeiden.

„Phishing ist wie ein Schatten, der immer im Hintergrund lauert." Doch mit dem richtigen Wissen und der richtigen Einstellung können Sie Licht ins Dunkel bringen und die Kontrolle über Ihre digitale Sicherheit übernehmen. Es beginnt mit einem einfachen Schritt:

Bleiben Sie stets psychologisch raffinierter als die Angreifer :)

Dankeschön für Lesen
Ihr

Michael Mack

Wenn Sie weitere Unterstützung wünschen, sei es durch Schulungen oder individuelle Beratung, stehe ich Ihnen gerne zur Verfügung.

E-Mail: mack.gutachter@gmail.com

Mobil: 0176 621 830 69

Die Kraft des Lesens & Buchempfehlungen

Lesen ist weit mehr als eine Freizeitbeschäftigung – es ist ein Schlüssel zur Entfaltung unseres vollen Potenzials. Aus neurowissenschaftlicher Sicht aktiviert das Lesen zahlreicher Bereiche des Gehirns gleichzeitig. Es stärkt Verbindungen zwischen neuronalen Netzwerken, fördert die Entwicklung von Empathie und steigert unsere Fähigkeit, komplexe Informationen zu verarbeiten. Studien zeigen, dass regelmäßiges Lesen die kognitive Flexibilität erhöht, unser Gedächtnis verbessert und uns hilft, neue Perspektiven einzunehmen.

Darüber hinaus hat Lesen tiefgreifende Auswirkungen auf unser inneres Wachstum. Es ermöglicht uns, in fremde Welten einzutauchen, andere Lebensweisen zu verstehen und unsere eigene Denkweise zu erweitern. Bücher bieten uns nicht nur Wissen, sondern auch Inspiration, Reflexion und manchmal die Antworten auf Lebensfragen, die uns beschäftigen.

Ein weiterer Vorteil: Lesen hilft uns, Stress abzubauen und zur Ruhe zu kommen. Bereits sechs Minuten intensiver Lektüre können nachweislich den Herzschlag senken und die Muskeln entspannen – ein natürlicher Weg, um den Alltag hinter sich zu lassen und neue Energie zu tanken.

Ob Sie nun lesen, um zu lernen, sich weiterzuentwickeln oder einfach zu entspannen: Jedes Buch, das Sie in die Hand nehmen, ist ein Schritt auf dem Weg zu mehr Wissen, tieferer Einsicht und einem stärkeren Selbstbewusstsein.

Buchempfehlungen

Abraham H. Maslow
Titel: Motivation und Persönlichkeit
Erscheinungsjahr: 1954 (Original), diverse Neuauflagen
Verlag: Junfermann Verlag (deutsche Ausgabe)
ISBN: 978-3873871845

Joe Navarro
Titel: Menschen lesen – Ein FBI-Agent erklärt, wie
man Körpersprache entschlüsselt
Erscheinungsjahr: 2008 (Original), 2009 (deutsche
Ausgabe)
Verlag: MVG Verlag
ISBN: 978-3868822483

Karl Iglesias
Titel: Emotionen im Film – Wie man Zuschauer
mitreißt
Erscheinungsjahr: 2005 (Original), deutsche Ausgabe
erscheint in diversen Verlagen
Verlag: Michael Wiese Productions (Original)
ISBN: 978-1932907209

Émile Coué
Titel: Autosuggestion – Der Schlüssel zur
Selbstbemeisterung
Erscheinungsjahr: 1926 (Original), diverse Neuauflagen
Verlag: Diverse Verlage (deutsche Ausgaben, z. B. Nikol
Verlag)
ISBN: 978-3938931347

Vera F. Birkenbihl
Titel: Kommunikationstraining – Mit Erfolg
Gespräche führen
Erscheinungsjahr: 1996
Verlag: mvg Verlag
ISBN: 978-3868822407

Anthony Robbins
Titel: Das Power Prinzip – Wie Sie Ihre persönlichen
Stärken optimal nutzen
Erscheinungsjahr: 1991 (Original), diverse Neuauflagen
Verlag: Ullstein Taschenbuch Verlag
ISBN: 978-3548744201

Ron Smothermon M.D.
Titel: Drehbuch für Meisterschaft im Leben
Erscheinungsjahr: 1984
Verlag: Goldmann Verlag
ISBN: 978-3442132695

Peter Russell
Titel: Quanten, Quarks und Satori – Die Reise vom
Physiker zum Mystiker
Erscheinungsjahr: 1983
Verlag: Kösel Verlag
ISBN: 978-3466301895

www.ingramcontent.com/pod-product-compliance
Lightning Source LLC
LaVergne TN
LVHW052311060326
832902LV00021B/3819